Les p'tits POLICIERS

L'affaire du musée

Arthur Ténor

Illustrations de couverture et d'intérieur :
Guillaume Dumont

MAGNARD JEUNESSE

Collection dirigée par Jack Chaboud

Dépôt légal : juin 1999 - N° d'éditeur : 99/213

1
Le musée du Moyen Âge est-il hanté ?

CE premier mercredi après-midi de juin, Jimmy Bond, Big Bill et Loly Cath se réunissent en séance extraordinaire. Ce sont les Agents Secrets Anonymes, les ASA (prononcer ZAZA). La pièce qui leur sert de bureau est située dans une usine désaffectée.

Jimmy Bond prend la parole :

« Mes amis, l'heure est grave. Vous avez lu les nouvelles ? »

Il est assis sur une caisse, derrière un bureau poussiéreux. Sous ses yeux s'étale le journal du jour.

Big Bill, enfoncé dans un gros fauteuil de cuir, froisse le papier d'emballage du bonbon qu'il vient d'engloutir.

« Mmm, non, qu'est-ce qui se passe ? demande-t-il.

— Encore une affaire de chien volé ? » fait Loly Cath, une fillette brune aux yeux verts.

Comme à son habitude, elle se tient à demi allongée sur un canapé, gracieusement appuyée sur l'un des accoudoirs.

Jimmy Bond prend sa respiration :

« Écoutez ça : *Le musée serait-il hanté ?* C'est le titre. *Depuis quelques nuits, il se passe d'étranges choses au château qui abrite le musée du Moyen Âge. Des statues se déplacent, des armures s'effondrent, des bruits de chaînes retentissent dans les lugubres couloirs. Le gardien aurait même aperçu une ombre traversant furtivement certaines salles...*

— Super ! J'adore les fantômes ! s'exclame Big Bill.

— Tu dis ça, mais si t'en voyais un, tu deviendrais tout vert et tu t'enfuirais en hurlant, lui fait remarquer Jimmy Bond.

— Pff, ça m'étonnerait ; je ne crois pas aux fantômes.

— Pourtant, dans l'article, ils disent que personne n'a pu expliquer ces phénomènes. Il paraît même qu'un médium est allé enquêter sur place et qu'il n'a rien trouvé.

— C'est quoi un médium ? questionne Big Bill.

— Quelqu'un qui parle aux fantômes, répond Loly Cath.

— J'ai dans l'idée que cette affaire est pour les ASA », conclut Jimmy Bond pensif.

Après un court silence, il demande :

« Alors ? »

Loly Cath donne son accord :

« Va pour les fantômes.

— Et toi, Big Bill ?

— Ben, c'qui m'ennuie, c'est qu'on doit pas trouver grand-chose à manger dans un musée... »

Il soupire puis déclare :

« Bon, j'emmènerai des provisions. On part quand ?

— On entrera dans le musée une heure avant la fermeture, et on s'y laissera enfermer. Prévoyez votre matériel d'exploration nocturne. »

2
Le gardien prend peur

À L'HEURE convenue, les ASA se retrouvent au musée du Moyen Âge. Nos jeunes enquêteurs, en tenue sombre, portent chacun un sac à dos contenant tout ce dont un agent secret en mission peut avoir besoin : lampe de poche, corde, pétards, boissons et victuailles pour tenir le coup...

Ils déambulent maintenant dans la salle des audiences du château, où sont exposées d'impressionnantes armures de chevalier.

« Essayons de nous trouver chacun une cachette en attendant la fermeture », suggère Jimmy Bond.

Loly Cath arrête son choix sur un grand coffre de bois. Jimmy Bond se tiendra tout près d'elle, sous un lit à baldaquin. Quant à Big Bill, après quelques hésitations, il opte pour l'énorme bahut de la galerie à côté.

À 22 heures précises, nos trois apprentis espions sortent de leur cachette et se regroupent dans la galerie. En silence, ils se dirigent vers le grand hall. Au moment d'y entrer, ils aperçoivent le faisceau d'une lampe dans l'escalier qui s'ouvre en face.

« Demi-tour ! ordonne Jimmy Bond.

— Qui va là ? » s'écrie le gardien.

Les pas des intrus résonnent dans la galerie.

« Ha, je te tiens, le fantôme ! » lance le gardien en débouchant dans le grand hall.

Il le traverse rapidement, s'arrête dans la galerie. Personne. Et pour cause, les ASA se sont réfugiés... dans le bahut !

« Ça alors, c'est fort de chocolat ! » murmure le gardien en se grattant la tête.

Tout à coup, il s'écrie :

« Ah non, ça ne va pas recommencer ! »

Les ASA tremblent de peur, persuadés qu'il a perçu leur respiration. Le gardien se retourne, alerté par un bruit d'étoffe dans l'obscurité du musée. Pris de peur, il affirme en s'éloignant :

« Non, ce n'est rien, je n'ai rien entendu. Je vais aller me reposer dans ma loge et ensuite je reprendrai ma tournée. »

3
Le fantôme se manifeste à nouveau

LES ASA s'extraient du bahut.

« Ouf ! Eh bien, c'est ce qui s'appelle avoir eu chaud ! dit Jimmy Bond.

— Une minute de plus et je craquais », soupire Big Bill.

Sans un mot, Loly Cath s'éloigne.

« Où va-t-elle ? » s'interroge Big Bill.

La fillette se retourne, leur fait signe de se taire en mettant un doigt sur sa bouche.

« J'ai entendu quelque chose. Ça venait de là-bas, chuchote-t-elle en désignant le fond de la galerie.

— C'est la salle des audiences, indique Jimmy Bond.

— Suivez-moi. »

À pas de loup, ils retournent dans la plus grande pièce du château. Le long des murs se dressent des armures sur des socles de bois. Au-dessus sont accrochées des épées et des lances de tournoi.

« Vous y voyez quelque chose ? On devrait peut-être allumer nos lampes, suggère Big Bill.

— Surtout pas », répond Loly Cath.

Et Jimmy Bond d'ajouter d'un air narquois :

« Ça ferait peur au fantôme. »

Big Bill hausse les épaules. Couiii ! L'une des armures a grincé.

« Qu'est-ce que c'est ? demande Jimmy Bond.

— La... la tête... la tête a bougé ! » répond le garçon grassouillet d'une voix chevrotante.

Effectivement, le casque d'une des armures n'est plus dans son axe. Les fentes de la visière semblent poser sur les enfants un regard autoritaire.

À l'autre bout de la salle, un son métallique résonne. Jimmy Bond allume sa lampe de poche. Soudain, une lance de tournoi se détache de son support et tombe. Les garçons sursautent. Loly Cath retient de justesse un cri.

« Elle n'a pas pu se détacher toute seule, déclare-t-elle en s'approchant de la lance.

— Ne me dis pas que tu crois à cette histoire de fantômes ? lance Jimmy Bond.

— Je ne crois qu'à ce que je vois », répond-elle.

Pour se calmer, Big Bill déplie un caramel. Au moment de le mettre

dans sa bouche, un nouveau bruit se fait entendre...

« On dirait une plainte, murmure Loly Cath.

— Tu crois ? bredouille Jimmy Bond.

— Écoute bien... On dirait le gémissement d'un blessé. Ça vient de là-bas, dit la fillette en désignant l'ouverture d'un escalier au fond de la salle. Allons voir ça de plus près. »

4

Agressions surprises

LA plainte cesse tout à coup. À la lumière de leur lampe, nos trois amis descendent l'escalier en colimaçon qui débouche dans un interminable couloir. À droite s'alignent de sinistres cachots.

« Qu'est-ce qu'on fait si on voit le fantôme ? demande Big Bill.

— On lui dit bonjour », plaisante Jimmy Bond.

Ils progressent lentement quand,

soudain, des mains invisibles saisissent Big Bill à la gorge. Il pousse un grognement de terreur. En se retournant, ses camarades aperçoivent une ombre s'enfuir par l'escalier.

« Qu'est-ce que c'était ? bredouille Jimmy Bond.

— Le fantôme, il a essayé de m'étrangler ! articule Big Bill en se massant le cou.

— Je l'ai vu, dit Loly Cath. Il était petit et tout noir. Essayons de l'attraper ! »

Elle gravit les marches quatre à quatre. Ses amis la rejoignent bien vite dans la salle des audiences.

« Alors ? Tu l'as eu ? ironise Jimmy Bond.

— Non, mais j'y compte bien, répond la fillette.

— Comment ?

— J'ai mon idée. Allons dans la galerie nord, celle qui mène à la salle du Trésor.

— Pour quoi faire ? demande Big Bill.

— Un tour de cochon à ce petit farceur de fantôme », décide Loly Cath, énigmatique.

La salle du Trésor rassemble les plus belles pièces du musée, exposées dans des vitrines blindées. Son centre est occupé par la statue en bronze, grandeur nature, d'un roi monté sur son coursier.

« Et maintenant, qu'est-ce qu'on fait ? s'enquiert Jimmy Bond.

— Plan de neutralisation numéro douze », répond la fillette.

Les garçons savent ce que Loly Cath attend d'eux.

« Au travail, Big Bill », dit Jimmy Bond en posant son sac à dos.

Une demi-heure plus tard, leur dispositif est en place.

« Tout est prêt ! annonce Jimmy Bond.

— Bien. Chacun à son poste », dit Loly Cath.

Big Bill s'accroupit entre une grande cheminée et l'entrée côté galerie. Un fil de nylon, relié à des pétards, est tendu entre les montants de la porte. Si le piège fonctionne, Loly Cath déclenchera l'allumage d'un feu de Bengale pour éblouir l'intrus. Big Bill tentera alors de l'immobiliser dans un filet de pêche.

Jimmy Bond garde l'autre entrée de la salle, face à la première. Là aussi, des pétards signaleront l'intrusion du fantôme. Le garçon dispose d'un lasso de cow-boy, pour le ficeler comme un veau de rodéo.

Loly Cath s'est postée entre les jambes du cheval de bronze. Elle tient dans une main le feu de Bengale. Quelques minutes s'écoulent, quand un bruit la met en alerte : quelqu'un se déplace dans la salle... Soudain, son feu de Bengale lui est arraché des mains. Elle crie.

« Qu'est-ce qui se passe ? s'affole Big Bill.

— Le fantôme ! Il est là ! avertit Loly Cath.

— Aaah ! Qu'est-ce qui m'arrive ? Au secours ! » hurle Big Bill.

musée

5
Le fantôme s'explique

JIMMY Bond se fait à son tour agresser. Quelqu'un tente de le bâillonner.

« Mmff ! À moi... mmff ! »

Loly Cath braque sa lampe sur Big Bill qui se débat dans son filet. Puis elle éclaire Jimmy Bond, aux prises avec une petite silhouette noire. Le fantôme ! Mais... Qu'a-t-il donc à la place des yeux ? Jimmy Bond se démène comme un diable entre ses bras. Tout à coup, le fantôme le libère pour fuir par l'issue qu'il gardait. Pan ! Pan ! Les pétards claquent. Loly Cath lui bondit sur le dos. Jimmy Bond vient aussitôt lui prêter main-forte, suivi de Big Bill qui fonce sur le groupe, tête en avant.

Le fantôme se retrouve bientôt ligoté avec le lasso. Les ASA se redressent, satisfaits. Loly Cath éclaire la tête du spectre noir. Ses yeux sont dissimulés derrière d'insolites lunettes proéminentes.

« On dirait des lunettes à infrarouges, dit Jimmy Bond.

— Ce sont des lunettes à infrarouges. » confirme le fantôme.

Au timbre de sa voix, nul doute qu'il s'agit d'un fantôme fille.

« Tiens, notre fantôme parle ! lance Big Bill d'un ton moqueur.

— Qui es-tu ? demande Loly Cath.

— Et vous ? » réplique le fantôme.

Jimmy Bond lui répond :

« Nous sommes les Agents Secrets Anonymes, en mission spéciale pour démasquer le farceur qui hante le musée depuis quelques jours...

— Depuis quelques nuits, rectifie sèchement la fantômette.

— Voyons à quoi tu ressembles », dit Loly Cath.

Avec délicatesse, elle enlève au fantôme ses lunettes à infrarouges, révélant de grands yeux bleus au regard triste.

« Vous m'éblouissez ! se plaint la prisonnière.

— Maintenant, tu peux nous dire ton nom ? demande Loly Cath.

— Clémentine. Je suis la fille du gardien de nuit. »

Les ASA échangent un regard étonné.

« Pourquoi est-ce que tu te déguises en fantôme ? Ça t'amuse de faire peur à ton père ? » questionne Jimmy Bond.

Clémentine hausse les épaules en soupirant.

« Non, c'est... (Elle baisse les yeux.) C'est pas du tout pour m'amuser.

— Pour te venger ? demande Loly Cath.

— Oh non ! Je ne suis pas méchante ! Mais... Comment dire ? Je vis seule avec papa depuis la mort de maman. Au début, il s'occupait beaucoup de moi. Mais maintenant, il ne pense plus qu'à son travail. J'ai l'impression que le musée est devenu son véritable enfant. En attendant, moi, je n'existe plus pour lui... »

Deux larmes perlent au coin de ses yeux clairs.

« Ça ne l'empêche peut-être pas de t'aimer très fort, tente de la consoler Loly Cath.

— Tu devrais lui dire que t'es malheureuse, intervient Big Bill.

— Je ne suis pas malheureuse... » se défend la fillette.

Mais elle ajoute aussitôt :

« Enfin, pas tout le temps. Quand je le suis trop, je me transforme en fantôme. »

Elle relève le visage et ajoute en souriant :

« C'est très drôle, je vous assure.

— Pas pour tout le monde, bougonne Big Bill.

— Je sais. Mais je vous promets de ne plus recommencer.

— Comment est-ce que tu fais pour t'introduire dans le musée ? demande encore Loly Cath.

— Facile. J'y suis née. J'en connais

tous les passages secrets et tous les souterrains. Je me suis fabriqué moi-même cette combinaison noire. Dans l'obscurité, je suis complètement invisible. (Elle rit.) Si vous saviez le nombre de fois que vous êtes passés devant moi ! »

Jimmy Bond chausse les lunettes à infrarouges.

« Ouah, génial ! On y voit presque comme en plein jour ! »

L'instrument lui donne une vision verdâtre, mais précise de la salle du Trésor plongée dans la pénombre.

« C'est avec ça que j'ai pu vous observer poser vos pièges. C'était très instructif.

— Alerte, les ASA ! Y'a quelqu'un qui vient ! » avertit soudain Big Bill.

Le faisceau d'une lampe torche filtre sous une porte de bois.

« C'est papa, dit Clémentine. Il a repris sa tournée. Suivez-moi. »

6
Plan d'attaque n° 32

« ATTENDEZ... dit soudain Clémentine.

— Qu'est-ce qui se passe ? s'inquiète Jimmy Bond.

— Écoutez... On dirait que quelqu'un d'autre approche. »

Effectivement, ils perçoivent des chuchotements provenant de la galerie nord. Se voyant pris entre le gardien et ces mystérieux visiteurs, les ASA s'affolent.

« On va se faire prendre, dit Jimmy Bond.

— Par qui ? s'interroge Loly Cath.

— La police, peut-être, suggère Big Bill.

— Suivez-moi ! » ordonne Clémentine.

Elle s'approche de la profonde cheminée encadrée de deux griffons de pierre.

« Qu'est-ce que tu fais, Clémentine ? demande Loly Cath.

— Il y a un passage secret ici. »

La fillette enfonce son index dans l'œil droit d'un des griffons. Un panneau de pierre, au fond de la cheminée, pivote sans bruit. Les enfants s'engouffrent dans l'ouverture. Le panneau se referme à l'instant où le gardien pénètre dans la salle du Trésor.

Serrés les uns contre les autres, les enfants l'entendent s'écrier :

« Qui va là ! Ah ! non, cette fois, le fantôme, vous ne me ferez pas peur ! Approchez qu'on cause un peu... Oui, c'est ça, approchez, n'ayez pas peur ! »

« À qui parle-t-il ? À un fantôme... Un vrai ? » s'angoisse Big Bill.

Personne n'ose lui répondre. Dans la salle du Trésor, la situation tourne mal.

« Mais... Qu'est-ce que... ? Non ! Au secours ! » s'exclame le gardien.

Les ASA entendent des piétinements, un cri étouffé, le bruit sourd d'un corps qui chute...

« Qu'est-ce qui se passe ? On fait du mal à mon papa ? s'affole Clémentine.

— Y'a qu'un moyen de le savoir, rouvrir le passage, répond Jimmy Bond, mais juste assez pour que je puisse regarder dans la salle avec les lunettes à infrarouges. »

Il jette un coup d'œil, puis il annonce :

« C'est bon, j'ai compris. Les ASA, plan d'attaque numéro trente-deux !

— Qu'est-ce qu'il veut dire ? demande Clémentine.

— Que ça va cogner », traduit Big Bill.

Pour mener à bien leur plan numéro trente-deux, les ASA disposent d'un arsenal adapté : cordelettes pour immobiliser l'ennemi et tampons d'éther pour l'endormir. Ils se faufilent dans la salle, trouvent le gardien étendu près du cheval de bronze. Deux individus portant casquette et blouson sont affairés près d'une vitrine. Ils tentent d'en faire sauter la serrure à la lumière d'une lampe électrique.

Absorbés par leur travail, ils ne se rendent pas compte que, dans leur dos, tels des chasseurs indiens, quatre silhouettes approchent. Les garçons imbibent d'éther des tampons de coton, tandis que les filles nouent les chevilles des cambrioleurs avec les cordelettes.

« Eh ! Qu'est-ce qui se passe ?

— Holà ! »

Les malfrats tentent de se retourner. Ils perdent l'équilibre et s'affalent sur le dallage. Aussitôt, les garçons les endorment avec leurs tampons d'éther.

« Mission accomplie ! » triomphe Jimmy Bond.

7
Les cadeaux de la victoire

LE lendemain, toute la presse parle du dénouement de l'affaire du musée hanté. Réunis dans leur bureau de l'usine désaffectée, les ASA et Clémentine écoutent Jimmy Bond leur lire un article de journal titré : ***Les fantômes du musée sous les verrous.***

...Le gardien, fortement choqué par les événements de cette nuit, affirme n'être pour rien dans l'arrestation des cambrio-

leurs. Sans doute cherche-t-il, par modestie, à minimiser son exploit. À moins que le coup qu'il a reçu durant la bagarre avec les brigands n'ait provoqué une perte de mémoire post-traumatique. Qu'importe, puisque l'affaire des fantômes du musée est élucidée, au grand dam des amateurs de revenants...

Jimmy Bond s'interrompt dans sa lecture pour dire à Clémentine :

« Ton père doit être sacrément secoué !

— Ça va », répond la fillette en souriant.

Loly Cath prend la parole :

« On s'est concertés avec les garçons, et on s'est dit qu'il vaudrait peut-être mieux lui dire ce qui s'est réellement passé... »

Big Bill, la bouche encore pleine de pop-corn, prend le relais :

« Ouais, mmm... Mets-toi à sa place, il doit se demander, mmm... s'il n'a pas perdu la boule. »

Clémentine éclate de rire.

« Inutile de vous fatiguer, les amis. Mon papa ne se pose plus de questions... Je lui ai tout raconté ce matin.

— Ah, c'est bien ! Et qu'est-ce qu'il a dit ? demande Jimmy Bond.

— Il m'a prise dans ses bras et il m'a promis de ne plus jamais me négliger. Et puis, il m'a donné quelque chose pour vous... »

Les ASA se redressent, étonnés. Clémentine remet à chacun un cadeau.

« Ouais, super ! s'exclame Jimmy Bond : *L'Encyclopédie des fantômes !* »

Big Bill pousse un hurlement de joie :

« Un livre de cuisine médiévale ! Ça c'est sympa !

— Oh ! Un livre sur les chats ! s'exclame Loly Cath. Comment a-t-il su que c'est mon animal préféré ?

— Je lui ai simplement donné ton nom de code... »